Angelika Kipp

Brummis Fahrzeuge

Fensterbilder aus Tonkarton

frechverlag

Von der beliebten Autorin Angelika Kipp sind im frechverlag zahlreiche Bücher mit kunterbunten Basteleien erschienen:

TOPP 1809

TOPP 1759

TOPP 1780

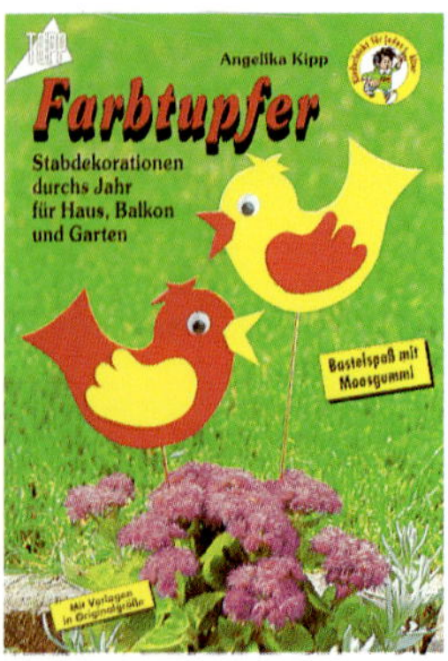

TOPP 1762

TOPP 2071

TOPP 1521

Zeichnungen: Berthold Kipp

Fotos: frechverlag GmbH + Co. Druck KG, 70499 Stuttgart; Fotostudio Ullrich & Co., Renningen

Auflage:	9.	8.	7.	6.	5.	Letzte Zahlen
Jahr	2001	2000	1999	98	97	maßgebend

frechverlag GmbH + Co. Druck KG, 70499 Stuttgart

ISBN 3-7724-1812-0 · Best.-Nr. 1812

Druck: frechverlag GmbH + Co. Druck KG, 70499 Stuttgart

Kennen Sie das: Mit der größten Selbstverständlichkeit der Welt erklärt Ihnen Ihr dreijähriger Sohn die Unterschiede von verschiedenen Autos, Ihre kleine Tochter erkennt allein am Motorengeräusch, ob da draußen gerade die Müllabfuhr oder ein anderer Lastwagen vorbeifährt. Es ist manchmal kaum zu fassen – diese Kleinen sind bessere Fahrzeugspezialisten als viele Erwachsene!

Alles, was Räder hat, was sich auf der Straße, in der Luft und auf dem Wasser bewegt, übt eine riesige Faszination auf kleine Kinder aus. Genauso fasziniert von Fahrzeugen ist übrigens auch der Bär Brummi – ihm gehören in diesem Buch der Bagger, der Kipper, das Motorboot, die Raupe und alles andere. Im Notfall ist er als Feuerwehrmann oder als Polizist zur Stelle, er regelt den Verkehr und ist an den Baustellen mit seinem Maschinenpark fleißig am Arbeiten. Und im Urlaub wird das Wohnmobil aus der Garage geholt!

Gemeinsam mit Brummi können Sie alle Fahrzeug-Motive dieses Buches mit Ihren Kindern nachbasteln, ganze Fenster damit dekorieren – vielleicht gibt's an Ihrer Scheibe gar einen Stau!? Und noch ein Tip: Die Motive bieten sich dafür an, sogar ganze Straßenszenen nachzuspielen, also mit Ihren Kindern spielerisch Verkehrserziehung zu üben!

Viel Spaß mit Brummi und seinen Fahrzeugen!

Angelika Kipp

Arbeitsmaterial

- Tonkarton (in verschiedenen Farben erhältlich)
- schwarzer Filzstift (dünne Strichstärke)
- Bleistift
- Bleistiftspitzer
- weicher Radiergummi
- Transparent- oder Butterbrotpapier oder schlicht weißes Backpapier
- Schere
- Lineal
- Zirkel
- Bastelmesser
- Unterlage
- Klebstoff, Klebefilm
- Faden zum Aufhängen (evtl. Nylon)
- Nähnadel

Tips & Tricks

Tonkarton

Für die Fensterbilder sollten Sie Tonkarton verwenden, damit die Bilder stabil werden.

Übertragen des Motivs

Haben Sie sich für ein Motiv entschieden, legen Sie ein Stück Transparent- oder Butterbrotpapier auf den Vorlagenbogen. Kleben Sie es am besten mit einem kleinen Klebestreifen fest, damit es nicht verrutscht.
Dann werden alle Linien mit einem weichen, aber spitzen Bleistift nachgezogen. Anschließend wenden Sie das Transparentpapier und legen es auf den Tonkarton der entsprechenden Farbe.
Mit einem spitzen Bleistift zeichnen Sie die gewünschten Linien nochmals kräftig nach. Bei diesem Arbeitsgang wird der zuerst gezeichnete Bleistiftstrich auf den Karton übertragen. Die Vorlagen können Sie nun mühelos ausschneiden; evtl. vorhandene Bleistiftstriche entfernen Sie mit einem weichen Radiergummi.

Ausschneiden eines Motives

Zum Ausschneiden der einzelnen Formen verwenden Sie am besten eine scharfe Bastelschere oder ein Bastelmesser. Achten Sie dann auf eine feste Schneideunterlage, z.B. aus Glas, Holz oder Keramik.

Frei hängende Fensterbilder

Ein frei hängendes Fensterbild sollte von der Vorder- und der Rückseite gearbeitet werden. Hierzu benötigen Sie die meisten Teile in doppelter Ausführung.
Teile, die zweifach erforderlich sind, schneiden Sie sofort doppelt aus, indem Sie zwei Bogen des Tonkartons übereinanderlegen. So passen die einzelnen Teile beim Aufeinanderkleben dann auch ganz exakt zusammen.

Klebstoff

Damit kein Schmierfleck durch den Klebstoff entsteht, tragen Sie ihn einige Millimeter vom markierten Rand auf.
Da manche Klebstoffe den Tonkarton wellen, sollten Sie Ihren Kleber zuvor unbedingt testen!

Das Aufhängen Ihres Fensterbildes

Es gibt verschiedene Möglichkeiten, ein Fensterbild aufzuhängen. Sie können sich zwischen dem altbewährten Faden oder einem Klebeband entscheiden.
Wenn Sie mit einem Faden arbeiten wollen, balancieren Sie das Motiv zwischen Daumen und Zeigefinger aus, bis Sie die richtige Stelle gefunden haben. Mit einer Nadel stechen Sie dann einige Millimeter vom Rand entfernt in den Tonkarton und ziehen den Faden durch.
Je größer das Motiv, um so sinnvoller ist es, Ihr Fensterbild an zwei Fäden zu befestigen.

Muldenkipper

**Der Sand soll für den Spielplatz sein,
dort warten Kinder groß und klein.**

Auf seinem Muldenkipper hat Bär Brummi einen Fahrgast mitgenommen: Malen Sie ihm und der kleinen Maus die Gesichter auf. Dann wird der grüne Kipper mit dem dahintergeklebten Sand samt Kopf der Maus auf den Lastwagen geklebt. Von vorne die Tür und die dreiteiligen Räder ergänzen.

Brummi hat sich von hinten ins Führerhaus gesetzt; von vorne bekommt er noch seinen Kopf mit den Ohren und den linken Arm.

Ach ja, unbedingt noch an die Stoßstange denken – schließlich sollte man sich beim Fahren ja nicht nach hinten zu seinen Fahrgästen wenden!

Rennauto

**Mit dem Flitzer um die Ecken,
da kriegt mancher einen Schrecken.**

Zeichnen Sie zunächst das Gesicht des Bären Brummi, die Knöpfe und die Knopfleiste des Anzugs sowie das Muster der Flagge auf.
Kleben Sie den fertigen Bärenkopf samt Mütze, die Hände und die Füße unter den Anzug. Brummi winkt zum Start mit der zweiteiligen Flagge.

Dann geht's ans Montieren des Autos: Auf der roten Grundfläche werden die grünen Streifen, die gelben Verzierungen und zum Schluß die zweiteiligen Räder angebracht.
Und wer steht am Start?
Der Fahrer mit der Nummer 1, den Sie von hinten ergänzen.

Sportflugzeug

Beschreibung Seite 10

Hubschrauber

Beschreibung Seite 10

Sportflugzeug

Abbildung Seite 8

**Von oben sieht die Welt ganz anders aus,
so winzig klein sind Straßen, Land und Haus!**

Bär Brummi zeigt einem Flugschüler, wie die Welt von oben aussieht. Zeichnen Sie den beiden dazu ihre Gesichter auf.
Dann wird das gelbe Flugzeug von vorne mit den roten und den grünen Teilen verziert; vergessen Sie das zweiteilige Rad nicht.
Wenn die beiden Bärenköpfe von hinten im Cockpit befestigt sind, bringen Sie ebenfalls von hinten die blaue Scheibe an. Und am Horizont ziehen die ersten Wolken auf...

Hubschrauber

Abbildung Seite 9

**So zu fliegen ist bequem,
der Pilot darf's nur nicht sehn!**

Zuerst wird der blinde Passagier samt Augen, Schal, Füßen und Schnabel gearbeitet.
Dann zeichnen Sie die Rotationsspuren des Heckpropellers auf.
Kleben Sie die einzelnen Teile auf den Hubschrauberrumpf, der Heckpropeller wird von hinten gegengeklebt.

Feuerwehr-Drehleiter

Im Notfall wählst Du sofort 112, und die Feuerwehr eilt schnell herbei!

Heute ist Bär Brummi als Feuerwehrmann groß im Einsatz! Geben Sie ihm seine Gesichtszüge und den zweiteiligen Helm, bevor er sich hinter das Steuerrad setzen darf. Auch die gelbe Leiter wird von hinten ergänzt.

Die übrigen Teile fixieren Sie auf dem Fahrzeug, wobei Sie die Lüftungsschlitze noch mit einem schwarzen Filzstift aufzeichnen müssen.

Und nun auf in den Einsatz!

Dampfer

Auf dem großen weiten Meer
fährt der Dampfer hin und her.

Kleben Sie die grünen und gelben Einzelteile sowie das Wasser auf den roten Dampfer, die große Dampfwolke wird von hinten ergänzt.
Schon geht's auf große Fahrt!

Motorboot

Es ruft das große weite Meer,
drum muß ein Motorboot schnell her.

Auf dem bemalten Kopf von Brummi ist die dreiteilige Matrosenmütze fixiert; der Kopf klebt unter dem grünen Rollkragenpullover.

Brummi sitzt mitsamt seinem linken Arm hinter der blauen Glasscheibe in dem roten Motorboot, das Sie noch mit dem gelben Streifen verzieren sollten.

Vergessen Sie den Motor und das Wasser nicht...

Polizeiauto

**Mit Blaulicht und Ta-tü-ta-ta
ist die Polizei schnell da.**

Zeichnen Sie zunächst das Gesicht, die Knopf- und die Türleiste von Brummi bzw. von seinem Polizeiauto auf.
Dann wird das weiße Fahrzeug mit den grünen und den blauen Teilen verziert, nicht zu vergessen die Stoßstangen und die Räder samt Kotflügeln. Die weiße Straßenabsperrung bekleben Sie mit den roten Schrägstreifen.
Vor Brummi muß man heute direkt Respekt haben: Er trägt eine echte Schutzmann-Uniform! Von hinten werden dabei die Hose und die Füße ergänzt, von vorn braucht der Bär seine Handschuhe und die weiße Brust-Bauch-Binde sowie den fertigen Kopf samt zweiteiliger Mütze.
Und wer kennt die Handzeichen des Schutzmanns?

Na, hier hat sich ja direkt ein Fensterbilder-Stau entwickelt!
Aber Polizist Brummi hilft weiter...

1

Absetzkipper

**Leer ist der Container nun,
doch es gibt noch viel zu tun!**

Für Brummis Bärengesicht brauchen Sie einen schwarzen Filzstift, dann kleben Sie seinen Kopf samt Helm auf den gelben Oberkörper.
Setzen Sie ihn von hinten ins Führerhaus, das von vorne mit der Stoßstange, dem gelben Kotflügel, dem zweiteiligen Rad und von hinten mit der blauen Scheibe ergänzt wird.

Die grüne Ladekonstruktion bekommt ebenfalls ihr Rad und von hinten den gelben Container mit der schwarz-roten Aufhängung.
Und die Frühschicht kann beginnen!

Bagger

Ist das Schaufeln gar zu schwer,
muß sofort ein Bagger her.

Mit einem schwarzen Filzstift zeichnen Sie das Bärengesicht auf und befestigen dann die Kleidungsstücke am Kopf: Die Mütze sitzt darauf, der Pullover darunter. Fixieren Sie die Teile der Schaufelvorrichtung sowie die Einzelteile des Baggers auf bzw. unter der gelben Grundform. Dann wird das Verkehrsschild zusammengefügt und die Baustelle ordnungsgemäß abgesichert!

Autotransporter

**Der Transporter ist sehr schwer beladen,
das blaue Auto möcht' ich haben!**

Zeichnen Sie das Bärengesicht auf, und befestigen Sie die Kleidungsstücke am Kopfteil.
Setzen Sie den verantwortungsvollen Fahrer von hinten in sein Führerhaus – erst jetzt bekommt er von vorne seinen linken Arm!
Dann werden die Stoßstange, das Vorderrad samt Kotflügel und der Benzintank fixiert.
Befestigen Sie die gelbe Ladefläche an der roten Grundkonstruktion, nun werden die noch fehlenden Reifen ergänzt.
An jedes transportierte Auto kleben Sie die Reifenteile und plazieren es von hinten auf der Ladefläche.
Wann brauchen Sie ein neues Auto?

Güterzug

**Auf den Schienen fährt die Bahn voran –
was sie alles transportieren kann!**

Als Lokomotivführer braucht Brummi seine rote Mütze und ein aufgemaltes Gesicht; der Kopf klebt auf dem grünen Oberteil, das von hinten im Führerhaus fixiert wird.

Bringen Sie die einzelnen Lokteile auf der schwarzen Unterkonstruktion an, und kleben Sie dann die Radteile samt Verbindungsstange auf.

Der Güter- und der Tankwagen werden gearbeitet, indem Sie die jeweiligen Einzelteile auf die schwarze Unterkonstruktion kleben. Gepunktete Linien (siehe Vorlagenbogen) werden aufgemalt.

Nun kann die kleine Dampflok losschnaufen!

Wohnmobil

Man sieht von dieser Welt sehr viel, reist man mit dem Wohnmobil.

Endlich Urlaub! Brummi fährt mit seinem Wohnmobil durch die weite Welt.
Malen Sie ihm und der Sonne fröhliche Urlaubs-Gesichter auf, geben Sie Brummi eine Mütze, und kleben Sie ihn hinters Führerhaus; eine blaue Fensterscheibe wird dahinter fixiert.
Dann ist das Wohnmobil an der Reihe: Die Stoßstange, der graue Streifen, die Räder, die blauen Fenster, die Tür, der grüne Streifen, das schwarze Viereck und das fertige Führerhaus machen es komplett.
Vorbei an den zweiteiligen Bäumen fährt Brummi gen Süden…

Betonmischer

Hier muß Brummi auf seinen Betonmischer aufpassen: Sein Kopf mit dem gelben Helm sitzt auf dem roten Arbeitsanzug, die Hand unter dem aufgeklebten Arm. Ziehen Sie dem kleinen Bären noch die gelben Stiefel an, und geben Sie ihm von hinten den Spaten in die Hand.
An dem Betonmischer werden die Tür und der Türgriff aufgemalt; von hinten kleben Sie die blaue Fensterscheibe auf.
Ergänzen Sie die Stoßstange und die Räder mit den Kotflügeln, dann wird noch die Halterung samt der verzierten Mischtrommel fixiert.

Der Mischer bringt Beton heran,
damit das Haus schnell wachsen kann.

Planierraupe

Zum Bauen
braucht man eine Raupe sehr,
dann ist die Arbeit
nicht mehr allzu schwer!

Wenn Brummi die Planierraupe steuern soll, braucht er sein aufgemaltes Gesicht und die rote Mütze.
Sein Kopf klebt auf dem roten Oberkörper, den Sie von hinten im Führerhaus fixieren. Erst jetzt bekommt Brummi von vorne auch seinen Arm.

Befestigen Sie nacheinander folgende Teile auf der gelben Raupe: die Lüftungsschlitze, die Kette mit ihrer Führungsschiene samt Aufhängung und die Schaufelteile.
Nun brauchen Sie nur noch die Markierungskegel zusammenfügen und aufstellen – schließlich muß die Baustelle ordentlich abgesichert sein!

Traktor mit Faßwagen

**Brummi liebt den Traktor sehr,
am liebsten hätte er noch mehr!**

Zeichnen Sie Brummis Gesicht auf, und befestigen Sie die Kleidungsstücke am Kopfteil: Die Mütze darauf, den Pullover darunter.

Auf bzw. unter dem grünen Traktor werden der gelbe Zierstreifen und die anderen Teile fixiert; arbeiten Sie auch den Faßwagen, und verbinden Sie ihn mit dem Traktor, in dessen Führerhaus Brummi sitzt.

Gabelstapler

**Sind die Kisten gar zu schwer,
muß der Gabelstapler her.**

Brummi bekommt sein aufgemaltes Gesicht; der Helm sitzt auf dem Kopf, der auf dem gelben Arbeitsanzug klebt.
Setzen Sie den fleißigen Bären auf das Kissen im Führerhaus – aber erst wenn das Lenkrad angebracht ist, dürfen Sie auch seinen Arm ergänzen.

Dann fixieren Sie folgende Teile am gelben Fahrzeug: das Führerhaus, die Lüftungsschlitze, die Radteile und die Hebevorrichtung mit der Palette und dem Paket.
Was da wohl drin ist?

Spielzeugtransporter

Wird am Ziel die Fracht erst mal entladen, läßt sie Kinderherzen höher schlagen.

Zeichnen Sie das Bärengesicht von Brummis kleinem Sohn auf, und ziehen Sie ihm die Kappe über die Ohren. Der Kopf klebt auf dem gelben Spielanzug, von hinten werden die Füße fixiert. Bevor Sie den Arm des kleinen Mannes ergänzen, schieben Sie noch die Schnur darunter, an der das Spielzeugauto hängt.

Kleben Sie die Fenster, die Stoßstange und die Reifenteile an das Führerhaus des Spielzeugtransporters. Befestigen Sie die gelbe Plane von hinten an der roten Auflegerfläche, und zeichnen Sie die Schnürung der Plane auf.

Der Tank, die Radteile und das Spielzeug werden auf dem Aufleger fixiert, den Sie anschließend mit dem Führerhaus verbinden.

Abschleppwagen

**Ob nur defekt oder gleich Schrott,
der Abschleppwagen kommt ganz flott.**

Brummis Kopf wird bemalt, mit dem gelben Helm beklebt und auf dem Oberkörper fixiert, der von hinten im Führerhaus angebracht wird.
Ergänzen Sie an dem roten Abschleppwagen die gelben und die roten Teile sowie die schwarz-roten Räder samt Kotflügeln.

Bei dem Unfallwagen werden die gleichen Räder mit den Kotflügeln angebracht, wobei einer allerdings etwas lädiert ist.
Bei beiden Fahrzeugen gibt's von hinten noch die blauen Fensterscheiben, und dann ab zur Werkstatt!

Müllwagen

Schlimm sähe es hier sicher aus, blieb der Müllwagen zu Haus.

Brummi ist auch noch als Müllmann aktiv: Malen Sie sein Gesicht auf; passend zu seinem orangefarbenen Arbeitsanzug trägt er auch einen Helm. Der Arm samt Handschuh wird ergänzt und an der dreiteiligen Mülltonne fixiert.

Befestigen Sie das beklebte Führerhaus sowie den dekorierten Laderaum von hinten an dem schwarzen Fahrgestell; dann werden die restlichen Teile auf dem Müllwagen angebracht.
Gut, daß es die Müllabfuhr gibt!

Postwagen

Das Postauto hält vor dem Haus, und Brummi lädt Pakete aus.

Zeichnen Sie das Bärengesicht, den Türgriff sowie alle gepunkteten Linien (siehe Vorlagenbogen) auf. Dann wird Brummi als Postbote angezogen: eine blaue Mütze, die Jacke mit dem aufgeklebten Arm und die untergeklebte Hose machen seinen Aufzug perfekt. Von hinten noch die Füße und die Hände ergänzen und die bunten Pakete stapeln.

Das Postauto ist ganz einfach nachzubasteln: Von vorne die Fensterscheiben, die Stoßstangen, die Kotflügel und die zweiteiligen Räder anbringen und das Postsymbol aufmalen. – Die Post ist da!

Krankenwagen

Im Notfall nicht erst lange fragen, ruf lieber gleich den Krankenwagen!

Zeichnen Sie alle gepunkteten Linien (siehe Vorlagenbogen), das Gesicht der Bären-Krankenschwester und den Türgriff auf. Dann wird das Bein unter, der Bärenkopf und der Arm auf dem weißen Kittel fixiert.
Und nun muß noch der Krankenwagen ganz rasch zusammengebaut werden – vielleicht kommt ja schon bald der nächste Einsatz!